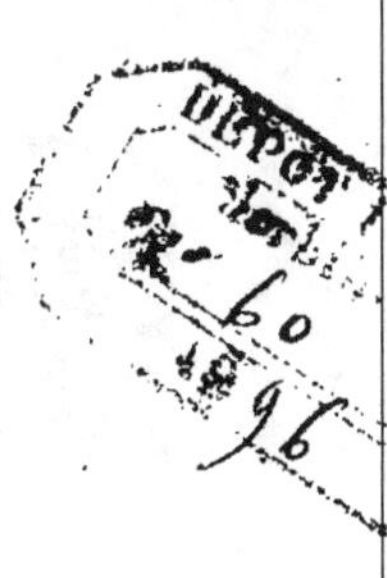

RÉFORMATION

DE LA

NOBLESSE DE BRETAGNE

1668 — 1671

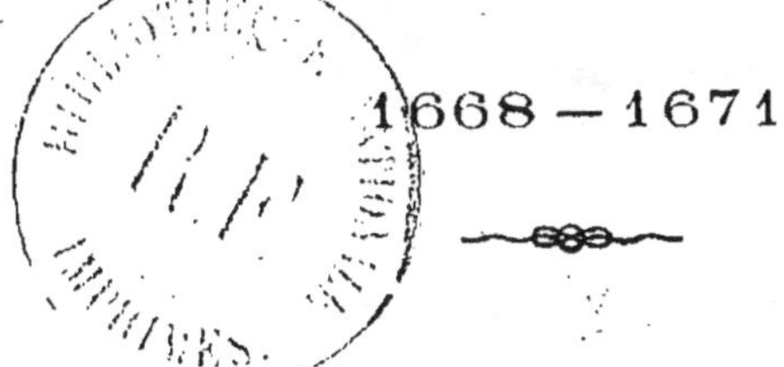

DE SAINT-PERN

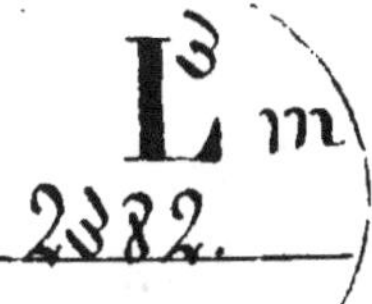

RÉFORMATION

DE

LA NOBLESSE DE BRETAGNE

(1668-1671)

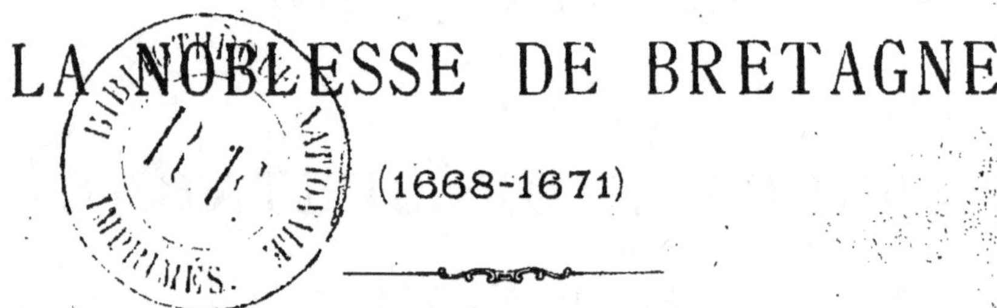

Arrêts de maintenue.

Louis XIV, pour diminuer les charges qui pesaient sur le peuple, ordonna, dans tout le royaume, une recherche générale de la noblesse, afin de découvrir les personnes qui s'étaient indûment affranchies du payement des *fouages, tailles, subsides et autres levées de deniers*. En ce qui concerne la Bretagne, il institua, par lettres patentes du 22 janvier 1668, une commission chargée de la vérification des titres des familles de cette province prétendant à la noblesse. Cette *Chambre de Réformation* fut composée des 18 présidents et conseillers au Parlement de Bretagne dont les noms suivent :

MM.

François d'Argouges, *premier président.*

Guy Le Meneust de Brequigny, *deuxième président.*

FRANÇOIS LE FEBVRE DE LAUBRIÈRE[1],
JOACHIM DES CARTES, sgr. de Chavagne,
JEAN DE BRÉHANT, sgr. de Gallinée,
JEAN BARRIN, sgr. du Boisgeffroy,
JEAN SALIOU, sgr. de Chefdubois,
FRANÇOIS HUART, sgr. de Bœuvres,
RENAUD DE POIX, sgr. de Fouesnel[2],
LOUIS DE LANGLE, sgr. de Kermorvan,
GUY DE LESRAT, sgr. du Plessis-Guerry,   } *Conseillers.*
VINCENT-EXUPÈRE DE LARLAN, sgr. de Lanitré,
NICOLAS LE FEBVRE DE LA FALLUÈRE,
JEAN-CLAUDE LE JACOBIN, sgr. de Keremprat,
RENÉ DE LOPRIAC, sgr. de Coëtmadeuc,
LOUIS DE LA BOURDONNAYE, sgr. de Couëtion,
FRANÇOIS DENYAU, sgr. de Chanteloup,
GUILLAUME RAOUL DE LA GUIBOURGÈRE[3],

Ces commissaires se sont basés, pour la vérification de la noblesse, sur les anciennes réformations faites dans la province et sur le *gouvernement noble et avantageux* conformément à l'article 541 de la coutume de Bretagne.

Je sais que, depuis quelques années surtout, les arrêts rendus par cette chambre ont été l'objet de critiques très vives plus ou moins justifiées. On accuse ces magistrats, avec raison peut-être, d'avoir montré beaucoup de partialité pour les familles parlementaires à l'exclusion des familles d'épée, et d'avoir gratifié les premières de la qualification d'*ancienne extraction,* avec la qualité de *chevalier,* quand ils ont débouté les secondes de leurs prétentions à la noblesse, ou ne leur ont accordé que la *simple extraction,* avec le titre d'*écuyer.* On leur reproche encore d'avoir, dans une même famille,

[1] Décédé le 9 décembre 1668.
[2] Décédé le 19 janvier 1669.
[3] En 1668, le Roi adjoignit à cette Commission MM. François Loisel, sgr. de Brie et Jean de Boisgelin, sgr de Mesneuf, présidents à mortier du Parlement de Bretagne.

reconnu dans leurs arrêts une branche comme étant d'*ancienne extraction*, et une autre d'*extraction simple*. Il y a là évidemment, comme le dit fort justement M. de Bréhier, des inconséquences qu'il est impossible de justifier. « Mais enfin, ajoute cet auteur, quoique l'on puisse penser d'un grand nombre d'arrêts rendus par la chambre de la Réformation, l'on ne voit pas pourquoi quelques auteurs modernes ont pris sur eux de les corriger. Ce sont des arrêts de Cour Souveraine ; il faut en tenir compte, et nul n'a le droit de les infirmer sans un nouveau jugement[1]. »

Du reste, si l'on peut critiquer la façon dont ces commissaires ont, pour quelques familles, attribué les qualifications d'ancienne ou de simple extraction et les titres de chevalier ou d'écuyer, il est une chose qui donne à ces arrêts un intérêt de premier ordre ; c'est l'énonciation dans la plupart d'entre eux, de tous les actes, contrats.. etc., produits par les familles au soutien de leurs prétentions. L'analyse de ces titres, dont beaucoup hélas ! ont disparu depuis 1668, peut, à la rigueur, remplacer les originaux ; de là l'importance capitale que ces arrêts de maintenue ont à nos yeux.

Ces arrêts eux-mêmes ont une valeur d'autant plus grande que les minutes qui étaient déposées au greffe du Parlement de Bretagne, ont été brûlées avec solennité sur la place du Palais de Rennes, en exécution de la loi du 24 juin 1792. Une seule liasse, dit M. de Courcy, a échappé au sort des autres ; celle des minutes des jugements rendus pour les familles dont le nom commence par la lettre D. Elle est conservée aujourd'hui aux Archives d'Ille-et-Vilaine.

Il nous a semblé que la publication de tous les documents de ce genre devait être entreprise pendant qu'il était temps encore. En effet, les causes de destruction pour les vieux parchemins sont si nombreuses, ils ont tant d'ennemis de toute

---

[1] Fougeray depuis le IXe siècle jusqu'à nos jours par A. de Bréhier. Revue historique de l'Ouest, 10e année, 1re partie p. p. 192 et 193.

sorte, qu'il faut se hâter d'assurer la conservation de ces précieux manuscrits par l'impression[1].

Ce sont ces motifs qui nous ont engagé à publier les arrêts de maintenue que nous avons en notre possession, ou dont nous avons pu prendre copie. Ils sont en bien petit nombre malheureusement, mais nous n'avons cherché qu'à montrer le chemin, invitant tous nos confrères en généalogies, — et ils sont nombreux en Bretagne, — à suivre notre exemple en donnant à la *Revue historique de l'Ouest* les moyens d'imprimer les jugements de cette Réformation qu'ils conservent dans leurs archives, ou dont ils peuvent avoir communication.

A défaut des *Arrêts de maintenue*, nous publierons les *Inductions* qui, sans avoir la même valeur, puisqu'elles ne sont pas suivies de la formule de confirmation de noblesse, offrent encore beaucoup d'intérêt, car elles donnent l'analyse des titres soumis à l'examen de la Chambre de la Réformation.

Nous croyons inutile de surcharger la publication de renseignements généalogiques ou biographiques, qu'il nous serait bien facile d'ajouter au texte. Il nous paraît plus simple de n'employer les notes que pour rectifier les noms ou dates qui, par suite de fautes de copistes, sembleront inexacts, ou pour compléter les arrêts par quelques détails puisés uniquement dans les inductions.

Nous n'avons pas besoin d'ajouter que nous respecterons scrupuleusement l'orthographe, souvent bizarre, des documents dont nous entreprenons la publication.

---

[1] Un petit nombre de ces arrêts ont été déjà imprimés dans des généalogies particulières ; ce sont ceux des familles de Bec-de-Lièvre, Bernard de la Hussaudière, de Bréhant, de Charette, de Cornulier, de Courson, de Farcy, le Jumeau de Kergaradec, de Monti et de Talhouët.

DE SAINT-PERN

ARRÊT DES COMMISSAIRES A LA RÉFORMATION DE LA NOBLESSE
RENDU EN FAVEUR DE MM. DE SAINT-PERN

13 décembre 1668.

Extraict des Registres de la chambre establie par le Roy pour la Refformation de la noblesse du pais et duché de Bretagne par lettres patentes de Sa Majesté du mois de janvier dernier vériffiées en parlement.

ENTRE LE PROCUREUR GÉNÉRAL DU ROY

Demandeur, d'une part ; et messire *Jan de Sainct-Pern,* seigneur du Lattay, conseiller du Roy en ses conseils, et messire *Pierre de Sainct-Pern,* conseiller en la cour, *Charles-Joseph de Sainct-Pern,* Docteur en Sorbonne, *Charles de Sainct-Pern,* chevallier de Malte, esclave à Tunis soubs la puissance du Grand Seigneur et *Gabriel ; de Sainct-Pern,* estudiant au collège, les tous enfants dudit seigneur du Lattay ; et messire *Gabriel de Sainct-Pern,* chevallier, chef de nom et armes, seigneur dudict lieu de Ligouyer et de Champallaune, etc. ; et messire *Jan de Sainct-Pern,* seigneur de Champallaune, la Tour, Barançon, deffendeurs d'autre part.

Veu par la chambre trois extraicts de comparution faicts au greffe d'icelle chambre par lesdits deffendeurs les troisième octobre, premier et troisième décembre mil six cent soixante et huict. Par la première d'icelle, ledit sieur du Lattay auroit déclaré vouloir soustenir la quallité de chevallier et d'escuyer par ses ancestres prise depuis plusieurs siècles et porter pour armes : *D'azur à dix billettes rustrées ou heurtées d'argent forées, posées quatre, trois, deux et un ;* et faire aussi pareille déclaration pour lesdicts messires Pierre de Sainct-Pern, conseiller en la Cour, et pour Charles-Joseph de Sainct-Pern, docteur en Sorbonne, Charles de Sainct-Pern, chevallier de Malte, et ledict Gabriel de Sainct-Perne ses enfants. Par la seconde déclaration de messire Gabriel de Sainct-Pern, chevallier, chef de nom et armes, de soustenir sa qualité de messire, escuyer et chevallier, comme estant noble et d'antienne chevalleryo, ainsy qu'ont faict ses ancestres il y a plusieurs siècles et porter les mesmes armes que celles cy-dessus comme estant l'aisné.

La dernière desdictes comparutions, de messire Jan de Sainct-Pern, chevallier, seigneur de Champalausne qui auroit déclaré estre d'extraction noble et issu d'antienne chevallerye et comme tel soustenir la qualité de noble, chevallier et escuier, comme ont faict ses prédécesseurs il y a plus de quatre cents ans et porter les mêmes armes desdicts seigneurs du Lattay et de Ligouyer.

Arbre généalogique et filiations desdicts deffendeurs par laquelle ils articullent que messire Gabriel de Sainct-Pern fut marié à dame Marie de Forsanz, fille aisnée des seigneur et dame de Gardisseul, duquel mariage est issu Joseph-Hyacinthe de Sainct-Pern; que ledict Gabriel est fils aîné de messire René de Sainct-Pern et de dame Mathurine de Sainct-Gilles; que ledit René estoit fils aisné d'aultre messire René de Sainct-Pern et de dame Gabrielle du Parc, que ledict René estoit fils ainé de messire Judes de Sainct-Pern et de dame Renée de la Marzellière; et d'aultant que ledict Judes de Sainct-Pern espouza en second mariage dame Catherine de Châteaubriant; duquel mariage est sorty la branche des seigneurs du Lattay, sçavoir : ledict messire Pierre de Sainct-Pern, conseiller en la Cour, mary de dame Vincente le Gouvello; lequel Pierre est fils de messire Jan de Sainct-Pern, seigneur du Lattay, conseiller du Roy en ses conseils et de dame Helainé de la Noüe; que ledict Jan estoit fils d'autre messire Jan de Sainct-Pern et de dame Anne Levesque; et que ledit Jan estoit fils dudit messire Judes de Sainct-Pern, et de ladite Catherine de Châteaubriant; que ledict Judes estoit fils de messire Simon de Sainct-Pern et de dame Janne Le Roy: ledit Simon fils de messire Jan de Sainct-Pern, premier du nom, et de dame Isabeau de Lorgeril; ledit Jan fils de messire Bertran de Sainct-Pern et de dame Janne de la Houssaye; ledit Bertran fils de messire Geffroy de Sainct-Pern et de dame Janne Millon; ledict Geffroy fils d'autre messire Bertran de Sainct-Pern et de dame Catherine de Champalaune; ledict Bertran fils d'autre messire Bertran, premier du nom et de dame Jeanne Ruffier.

Deux transactions du 17e juin 1660, entre messire Gabriel de Sainct-Pern, chevallier, cheff du nom et d'armes, seigneur dudict lieu de Ligouyer et de Champalaune, etc., fils aisné principal et noble de feu messire René de Sainct-Pern, chevallier, et de dame Mathurine de Sainct-Gilles, seigneur et dame desdicts lieux; et messire Jan de Sainct-Pern, seigneur de Champalaune, son frère puisné; et messire Claude de Derval, seigneur de Brondineuf, mary et procureur de droict de dame Janne de Sainct-Pern, sœur dudit seigneur de Ligouhier, par lesquelles les biens délaissez par leur père et mère sont partagés noblement et advantageusement, comme il a esté de tous temps observé dans leur famille. Signées Berthelot et son compagnon.

Un bail juditiel faict au présidial de Rennes du 19ᵉ aoust 1656, de la terre et seigneurie de Champalaune, pour la perseption du rachapt deub au Roy par la mort de messire René de Sainct-Pern, chevallier, seigneur desdicts lieux, sur le minu de la valleur de laditte seigneurye présanté au procureur du Roy par messire Gabriel de Sainct-Pern, chevallier, fils aisné, héritier principal et noble dudict deffunct son père. Signées : de Lys, Aulnette, Larcher et Courtois.

Un arrest d'hommage du 4ᵉ septembre 1652, faict au Roy dans la Chambre des Comptes, par messire Gabriel de Sainct-Pern, démizionnaire de messire René de Sainct-Pern, son père. Signé : Guitton.

Contract de mariage de messire Gabriel de Sainct-Pern et de dame Marye de Forsanz, fille aisnée du seigneur et dame de Gardisseul ; ledict Gabriel, héritier présumptiff, principal et noble dudict messire René de Sainct-Pern et de laditte dame Mathurine de Sainct-Gilles, au pied duquel est une procure dudict seigneur de Ligouyer, père, portant son consantement audict mariage. Signé : Biche, Ar. Mainguy.

Extraicts de baptesme de Joseph-Hyacinthe et Marie-Mathurine de Sainct-Pern, des 26ᵉ mars et 15ᵉ avril 1658. Signés : du Feu et Nivet.

Une transaction sur partage du 21ᵉ décembre 1637, passée par la Cour de Rennes, entre messire René de Sainct-Pern, chevallier, fils aisné, héritier principal et noble d'aultre messire René de Sainct-Pern, chevallier, seigneur de Ligouyer et messire Fernan Marie, seigneur de la Higourdayes, son beau-frère. Signé : Odion et Richard.

Une acte do désignation de partage faict par ledict de Sainct-Pern, chevallier, fils aisné, héritier principal et noble dudict feu René de Sainct-Pern et de ladicte du Parc et messire Gabriel Marie et a ses puisnéz de la tierce partie de la succession de ladite du Parc. Signé : Mahé et Berthelot.

Contract de mariage, du 13ᵉ janvier 1618, entre ledict messire René de Sainct-Pern et ladicte de Sainct-Gilles, fille aisnée de messire Gilles de Sainct-Gilles et de dame Louise Thomas, seigneur et dame de Perronay. Signé : Gapaye et de Racinoux.

Arrests de la Cour et exécuttoires du Conseil des 16ᵉ janvier, 12ᵉ et 19ᵉ novembre, 3ᵉ et 13ᵉ décembre 1629 et 13ᵉ janvier 1630, contre la dame dela Tour, au suject des préminances de la parroisse de Sainct Pern, appartenants audict seigneur de Ligouyer où les qualittéz de messire et de chevallier sont employées : Signés : Monneraye, du Diegue et Potel.

Contract de mariage dudict messire René de Sainct-Pern, du 20e septembre 1588, fils aisné hérittier principal et noble de messire Judes de Sainct-Pern, seigneur de Ligouyer, du Lattay et de Champalaune, etc , chevallier et de dame Renée de la Marzelière, avecq damoiselle Gabrielle du Parc, fille de hault et puissant messire Françoys du l'arc, chevallier, seigneur de Locmaria Signé ; Thomas et son compagnon.

Aultre contract de mariage du 10e juin 1577 entre escuier Charles de la Lande, seigneur dudict lieu et damoiselle Charlotte de Sainct-Pern, fille aisné de noble et puissant messire Judes de Sainct-Pern, chevallier, seigneur desdicts lieux et de dame Renée de la Marzellière, par lequel il est recongneu que les grandeurs, noblesses, extractions et antiquitez des biens appartenants audict seigneur et dame de Ligouyer ont estez toujours traictez et gouvernez par leurs ancestres noblement et advantageusement au faict de leur partage au désir de l'assise du compte Geffroy. Signé : Bellacier et Pillon.

Deux transactions du 20e may et 21e juin 1598, entre noble et puissant René de Sainct-Pern, seigneur desdicts lieux, héritier principal et noble dudict messire Judes de Sainct-Pern, chevallier de l'ordre du Roy, et laditte de la Marzellière ; et de messire Jan de Sainct-Pern, sieur du Lattay, son frère puisné et escuier Jacque Couaspelle, seigneur de Carheil, deuzième mari de laditte Charlotte de Sainct-Pern, par lesquelles le gouvernement noble et advantageux est recogneu selon l'assise au compte Geffroy, au faict des partages des biens de laditte maison de Ligouyer. Signé : Berthelot, Gaspar Drouet et Pichart.

Contract de mariage du 13e janvier 1571, entre escuier Françoys du Fay, sieur du Quilher et damoiselle Janne de Sainct-Pern, fille puisnée dudict messire Judes de Sainct-Pern, par lequel est rapporté qu'on observe de tout temps, dans les biens et richesses de laditte maison de Ligouyer, l'assise du compte Geffroy, au faict des partages. Signé : Le Roy, Horlaye, du Fay, Gouabe et Le Tournoux.

Acte de transaction du 9e aoust 1627 qui faict voir que le partage de la ditte Charlotte de Sainct-Pern est retombé collatérallement dans la ditte maison de Ligouyer. Signé : Buschet et Gaspaye.

Quattres actes des 19e et 23e mars 1588, 15e et 20e aoust 1586, qui faict voir que ledit messire René de Sainct-Pern avoict pour frère aisné, messire Jacques de Sainct-Pern, chevallier, lequel fut marié avecq Yoland de Bourré, fille de hault et puissant René de Bourré, chevallier de l'ordre du Roy, gentilhomme ordinaire de la Chambre, cappittaine de cent chevaulx légers, seigneur de Jarzay et de Chemiré et de dame Françoyse de la Chappelle, son espouze ; et que ledict

Jacques de Sainct-Pern mourut devant Sainct-Marcellin, en Dauphiné, au service du Roy, pendant les guerres de la Ligue.

Deux actes en mesme feille, des 12e décembre et 22e janvier 1537, qui sont une transaction avecq la ratification au pied, entre dame Janne Le Roy, dame de Ligouyer, veuffve de messire Simon de Sainct-Pern, en quallitté de mère et tutrice dudict Judes de Sainct-Pern, d'une part ; et dame Hélène de Rohan, par laquelle la ditte de Rohan faict assiepte à laditte Le Roy, en laditte quallitté, de trante livres de rante pour supplément de partage sur les fieffs, jurisdictions, seigneuries et obéissances mantionnées en icelle, comme laditte de Rohan estant fille aisnée, hérittière principale et noble de dame Guyonne de Lorgeril ; icelle Guyonne estoit fille hérittière et principale et noble de Jan de Lorgeril et de Françoyse de Partenay ; ledict de Lorgeril, fils aisné, hérittier principal et noble d'aultre Jan de Lorgeril et de dame Marie Madeuc ; lequel Jan de Lorgeril estoit frère germain d'Ysabeau de Lorgeril, femme de messire Jan de Sainct-Pern, seigneur de Ligouyer ; lequel Jan de Sainct-Pern estoit père dudict Simon de Sainct-Pern, et ledict Simon père dudict Judes de Sainct-Pern. Signée : Goslin et le Faye, passes ; quels actes font encorre voir que les deffendeurs sont parans des ducqs de Rohan, de Richelieu et de Mortemart.

Une sentence du 18e décembre 1540, de main-levée par laquelle les biens délaissé par la mort de damoiselle Bertranne de Sainct-Pern, sont adjugés collatérallement audict Judes de Sainct-Pern. Signée : de la Haye.

Contract de mariage du 15e octobre 1559 entre escuyer Guy du Chastellier, sieur du Plessix-Marcillé et damoiselle Françoise de Sainct-Pern, fille de messire Simon de Sainct-Pern et dame Janne Le Roy, par lequel ledict Judes de Sainct-Pern, frère de laditte Françoyse, luy donne son droict naturel aux successions de leur père et mère, apprès qu'il a esté recongneu que les biens de laditte maison de Ligouyer ont estés de tout temps gouvernez noblement et advantageusement selon l'assise du compte Geffroy. Signé : Goretaye.

Contract de mariage du 4e octobre 1543, entre ledict Judes de Sainct-Pern et laditte Renée de la Marzellière, fille de noble et puissant Regnault, sire de la Marzellière et dame Gillette du Pont-Rouault donnant garanty.

Trois actes du 6e apvril 1574 qui sont lettres de Charles IX et ordre attaché à icelles. Signées : Charles, et plus bas : Fizes. Qui faict voir que le Roy a honoré ledict Judes de Sainct-Pern de son ordre pour recongnoissance de ses vertus, vaillances et mérites.

Un bail judiciel de la seigneurye de Champallaune pour le rachapt eschu au Roy par la mort dudict Judes de Sainct-Pern. Signé ; Le Meneust, sénéchal, et Aulnette, greffier, du 9e juin 1596.

Sentence rendue au présidial de Rennes du 4e août 1581.

Transaction passée par la Cour de Rennes du 17e aoust 1586. Signé : Baye et Odion.

Acte de main-levée rendu audit présidial du 11e septembre 1590. Signé : Aulnette.

Requeste presantée audict présidial de Rennes et sentence rendue en conséquence, des 4e mars et 1er apvril 1594. Signé : Guichart et Lezot.

Assignation donnée en la Cour à requeste du Procureur général du Roy et de dame Anne de Guémadeuc, audict de Sainct-Pern, pour donner sa voix à la tutelle de damoiselle Hellène de Beaumanoir, baronne du Pont et de Rostrenen. Signée : Boulongne.

Quels actes font voir que ledict de Sainct-Pern a touiours continué en la possession du tittre et quallitté de messire et chevallier.

Les 10e et 11e articles d'un extraict tiré des archives de la Chambre des Comptes de Bretagne par lesquels se voict que ledict de Sainct-Pern a esté evocqué, a comparu aux monstres généralles des gentilzhommes de la dicte province aux années 1567 et 1568.

Un extraict de papier baptismal de la parroisse de Sainct Estienne lès Rennes du 27e may 1635, qui faict preuve que ledict Pierre de Sainct-Pern a esté nommé comme fils de messire Jan de Sainct-Pern et de dame Helaine de la Noüe, seigneur et dame de Sainct-Jan, par Révérand père en Dieu messire Pierre Cornullier, seigneur evesque de Rennes et dame Judict Thévin, dame de Cicé. Signé P. de Lorgeril.

Contract de mariage du 30e septembre 1666, entre messire Pierre de Sainct-Pern et dame Vincente le Gouvello, où messire Jan dt Sainct-Pern, seigneur du Lattay son père, a donné son consentemen, audict mariage, comme estant son fils aîné, héritier, présumptiffe principal et noble. Signé : Ch. Gunel et Frin.

Arrest de la cour du 4e juillet 1664 portant la réception dudict Pierre de Sainct-Pern en une charge de conseiller en laditte court.

Lettre missive du 12e juillet 1667 escrite de la ville de Tunis, en Barbarye, par le chevallier du Lattay, au sieur du Lattay, son père, qui luy donne advis de sa captivitté, des combats qu'il à rendus contre les ennemis de la Foy, des prises qu'il avoit faict sur ses infidelles et aultres choses portées dans laditte lettre, signées : Le chevallier du Lattay.

Gazette de France, Tunis, Espagne et Hollande des 20e et 26e aoust 1667 qui confirment la lettre dudict chevallier du Lattay.

Une ordonnance du 4ᵉ novembre audict an 1667 de Messieurs des Estats de cette province lesquels estant informés des belles actions suyvies du malheur dudict chevallier du Lattay ont ordonné des fonds pour partie de sa rédemption. Signé : de Racinoux, leur greffier.

Contract de mariage du 24ᵉ aoust 1630 entre messire Jan de Sainct-Pern, chevallier et de dame Helaine de la Noüe, par lequel messire Jan de Sainct-Pern, son père, chevallier, seigneur du Lattay, authorise ledict mariage comme estant son fils unicque, seul héritier présumptiff, principal et noble et de laditte dame Anne Levesque. Signé : Fauchet.

Lettre du grand sceau, signée Louys, et plus bas, par le Roy, Phélipeaux, scellée de cire jaulne le 6 novembre 1662, qui faict voir que ledict seigneur roy a honoré ledit de Sainct-Pern du tittre de conseiller en ses conseils d'Estats privé et de ses finances, pour y avoir entrée, scéance et voix délibérative, en considération de ses services et de ceux que ses prédécesseurs ont rendu dans les armées, en différentes occazions.

Aultre lettre du grand sceau par lesquelles le Roy a érigé la terre du Lattay en dignité de Chastellenye, avecq foires et marchés, en considération de la continuation des services dudict seigneur du Lattay et de ses prédécesseurs, avec les arrests de vérification dedictes lettres en la Cour et Chambre des Comptes de cette province des 7ᵉ septembre 1648 et 3ᵉ juillet 1649, duement garanti.

Extraict du papier baptismal de la paroisse de Sainct-Pern, du dernier de septembre 1562, qui faict voir que Jan de Sainct-Pern fut nommé comme fils de Judes de Sainct-Pern et de dame Catrine de Château-Briand par Jan de Château-Briand, seigneur de Tané. Signé : Raoul Nivet.

Une sentence rendue par le sénéchal de Rennes, le 5ᵉ aoust 1593, portant le décret de mariage dudict Jan de Sainct-Pern, seigneur du Lattay, avec dame Anne Levesque, signé : Aulnette.

Acte contenant les articles dudict mariage accordé entre messire Judes de Sainct-Pern, chevallier de l'ordre du Roy, seigneur de Ligouyer, père et garde naturel dudict seigneur du Lattay, d'une part et messire Jan Apvril, sieur de la Grée, conseiller du roy, maistre ordinaire de son hostel et premier président en la Chambre des comptes de Bretagne, et messire Guy Glé, seigneur de la Costardays, chevallier de l'ordre du Roy et aultres proches parens de ladicte Levesque, du 6ᵉ aoust 1593.

Acte de leur fiance du 28ᵉ desdicts mois et an. Signé : Davoine et Chenu.

Acte de partage du 20ᵉ may 1598, rapporté par la Cour de Rennes, par lequel messire René de Sainct-Pern, seigneur de Ligouyer, fils aisné, principal et noble dudict Judes de Sainct-Pern et de laditte de la Marzellière, baille audict Jan de Sainct-Pern, son frère, pour son droict naturel les terres et seigneuryes du Lattay et de Galpic Signé : Odion et Pichart.

Transaction du 3ᵉ octobre 1496 passée entre noble homme Pierre Levesque et Françoyse Chauvin, sa femme, seigneur et dame de Sainct-Jean-Levesque, qui faict voir que la ditte Chauvin estoit fille de noble homme Guillaume Chauvin, chancellier de Bretagne et de Catherine Le Fauché, dame de la Chancelière, veufve de noble homme Jan Lorands. Signée : Millon.

Acte de ratiffication de la dicte transaction du 8ᵉ may 1497, par laditte Levesque. Signé : André passe et Jan Pepin passe.

Quels actes font preuve que la qualité de noble homme estoit donnée à un chancelier de Bretagne, et qu'il estoit ayeul de laditte Anne Levesque, mère dudict Jan de Sainct-Pern.

Contract de mariage entre Judes de Sainct-Pern, seigneur de Ligouyer, Champalaune et noble et puissante dame Catherine de Chateaubriand, douairière du Bois de la Motte, par le déceds de noble et puissant Jan de Couasquen. Signé : Le Renec nottaire de Rennes.

Acte d'accord entre noble et puissant Jan de Couasquen et laditte Caterine de Chateaubriant, sa femme, du 23ᵉ mars 1547, et hault et puissant Françoys de Chasteaubriand, seigneur de Beauffort, son frère aisné, sur le suplément de partage deub à laditte de Chateaubriant. Signé : Le Bret et Bellée, nottaires de Dinan.

Autre acte d'accord du 24ᵉ octobre 1578 par lequel hault et puissant Georges de Chateaubriant, sire de Beauffort, exécuttant l'accord cy-devant dernier déclaré, transporte à noble et puissant Judes de Sainct-Pern, chevallier de l'ordre du roy, mary de haulte et puissante Catherine de Châteaubriant, seigneur et dame de Ligouyer, du Lattay, Champalaune .. etc., ses terres et jurisdictions et seigneuries y mantionnées en assiept de suplément de partage deut à laditte de Chateaubriant. Signé Françoys le Jambu et Graslan, nottaires de Rennes.

Arbre généalogique et filiation dudict nom de Châteaubriand.

Cinq pièces des 20ᵉ octobre 1589, 5ᵉ juillet et 1ᵉʳ septembre 1599, 4ᵉ aoust et 26ᵉ apvril 1594, qui sont procès-verbaulx, assignation et baux juridiciels des maisons et seigneuries de Ligouyer, du Lattay, du Quyliou et autres appartenances au dit Judes de Sainct-Pern, faict de l'authorité du seigneur de Mercœur, cheft de la Ligue en

Bretagne et du party qu'ils appelloient la Saincte-Union, qui font voire que lesdictes terres et meubles et papiers desdicts de Sainct-Pern ont estez pillez et qu'ils estoient dans le party du Roy, leur prince naturel.

Une transaction du 24ᵉ novembre 1493 entre ledict Simon de Sainct-Pern, fils aisné, héritier principal et noble de messire Jan de Sainct-Pern, ledict Jan, fils aisné principal et noble de messire Bertrand de Sainct-Pern, chevallier, successivement seigneurs de Ligouyer, et noble gens Jehan de Commadre et Ollive de Morzelle, sa femme, fille de Jeanne de Sainct-Pern, laquelle estoit fille dudict messire Bertrand de Sainct-Pern, sur le suplément de partage de la succession dudict messire Bertran de Sainct-Pern. Signée : Blandin et de Cacé.

Partage, du 24ᵉ febvrier 1494, donné par ledict Simon de Sainct-Pern, fils aisné principal et noble dudict Jan, et nobles damoiselles Bertranne et Françoyse de Sainct-Pern, ses sœurs, en la succession dudict Jan leur père. Signé : Le Chanoine et Lotodé, passe.

Une transaction, du 11ᵉ décembre 1497, entre ledict Simon de Sainct-Pern, chevallier et nobles homs Jacques Millon, seigneur de la Ville-Morel, par laquelle ledict Millon s'oblige d'asseoir audit Simon de Sainct-Pern cent soulz de rante pour le supplément de partage deub à Janne Millon, bizayeulle dudict Simon de Sainct-Pern, de laquelle estoit fils aisné, héritier principal et noble messire Bertran de Sainct-Pern, duquel Bertran estoit fils aisné, héritier principal et noble ledict Jan de Sainct-Pern, père dudict Simon, tous lesquels ont esté successivement seigneurs des dictes maisons et seigneuries cy-devant déclaree. Signée Poullard.

Une transaction du 18ᵉ febvrier 1501, entre noble escuier Renault Prézart, fils aisné, héritier principal et noble de Pierre Prézart et Phelipotte de Sainct-Pern, ses père et mère, et ledit Simon de Sainct-Pern, seigneur de Ligouyer, sur le partage des biens de la succestion de messire Bertran de Sainct-Pern et dame Janne de la Houssaye, aieuls dudict Simon de Sainct-Pern et mesme des biens de la succession de dame Janne Millon, mère dudict Bertran. Signé : J. Gicquel et Binot passe.

Contract de mariage du 13ᵉ janvier 1512 entre ledit Simon de Sainct-Pern, seigneur de Ligouyer et dame Janne Le Roy. Signé Pelerin et Robiou, passe.

Le 4ᵉ article dudict extraict, tiré des archives de la Chambre des comptes de Bretagne, qui faict voire que ledict Simon de Sainct-Pern a esté employé le premier des gentilzhommes de sa parroisse de

Sainct-Pern dans la Refformation des nobles de cette province, l'an 1513.

Contract de mariage du 25° juillet 1439, entre noble escuier Pierre Pressart, sieur de la Bouyère et damoiselle Phelipotte de Sainct-Pern, sœur dudict Jan de Sainct-Pern, qui faict preuve que le dict Jan de Sainct-Pern estoit fils aisné, héritier principal et noble de messire Bertran de Sainct-Pern et dame Janne de la Houssaye. Signé : Bertran de Sainct-Pern, voir est au pied duquel est une ratification dudit an. Signé : Bertran de Sainct-Pern et P. Prézart.

Contract d'eschange du 12° mars 1442 entre ledit Jan de Sainct-Pern, fils aisné, héritier principal et noble de messire Bertran de Sainct-Pern, seigneur de Ligouyer et de Champalaune ; et Jehan Bouscanes, sieur du Piel. Signé : Jehan Bouais.

L'article deuxziesme dudict extraict de la Chambre des comtes qui faict voire que Jehan de Sainct-Pern, fils aisné, principal héritier de messire Bertran de Sainct-Pern a présanté un minu de la terre de Champalaune pour la perseption du rachapt deub par le décedz dudict Bertrand de Sainct-Pern son père, le 26° janvier 1445.

Les articles 5, 6, 7, 8 et 9 dudict extraict qui faict preuve que ledit Jehan de Sainct-Pern, seigneur de Ligouyer a esté comprins au rang des nobles dans la refformation de la noblesse faicte en 1483, et qu'il a comparu aux monstres généralles de l'arrière-ban, comme gentil-homme et seigneur de ladicte terre de Ligouyer aux années 1477, 1478, 1480, 1481 et 1483, armé à blanc, paige à lance, un coustilleur et un archier armez en brigandine qui est l'arroy de chevallerye, et qu'il a toujours esté évocqué audict arière-ban, le premier de sa parroisse de Sainct-Pern.

Contrat de mariage du 26° juillet 1473 entre Jan de Sainct-Pern et dame Isabeau de Lorgeril, fille de feu Jehan de Lorgeril et dame Marie Madeuc. Signé : Raoul.

Deux exploits judiciels des 19° septembre et 23° octobre 1432, randus entre Eustesse de Québriat, sieur de Launay et messire Bertran de Sainct-Pern, chevallier, seigneur de Ligouyer, qui font preuve que Geffroy de Sainct-Pern et Janne Millon, sa femme sont père et mère dudict messire Bertran et qu'autre Bertran de Sainct-Pern, seigneur de Ligouyer estoit père dudict Geffroy. Signés : Millon, Armel de Beaucé, additté et passe.

Une transaction du 3° juin 1423, entre Geffroy de Tixue, mary de Janne de Sainct-Pern et ledict Bertran, son frère aisné, seigneur de Ligouyer, qui faict preuve que Geffroy de Sainct-Pern et Janne

Millon, sa femme, sont père et mère desdict Bertran et de laditte Janne de Sainct-Pern. Signé : Haroult.

Deux tenues randues à messire Bertran de Sainct-Pern, seigneur de Ligouyer, passées par la court royalle de Hédé et un contract entre messire Bertran de Sainct-Pern et Geffroy Bigot, des 26ᵉ mars, 30ᵉ octobre 1436 et 18ᵉ février 1443 ; Signée : Ginquennez et Piedevache, passe.

Une relation du 16ᵉ apvril 1433 donnée par Guillaume Le Roux, sieur de la Ruaudaye à messire Bertran de Sainct-Pern, chevallier seigneur de Ligouyer, d'une tenue fournie audit de la Ruaudaye par ledict de Sainct-Pern, signé ; Le Roux.

Les deux et 12ᵉ article dudict extraict de la chambre des Comptes qui font voir que ledict Bertran de Sainct-Pern a esté compris dans la réformation des nobles faictes en l'an 1427.

Une transaction du 12ᵉ mars 1417 entre lesdits Bertran de Sainct-Pern et Geffroy de Tixue, seigneur dudict lieu et Jehanne de Sainct-Pern, sa femme, sœur dudict Bertran, laquelle confirme lesdictes qualitez, filliations et partages advantageux, signée et garantie.

Cinq adveuz et tenus des années 1408 et 1409 rendue à dame Janne Millon, dame de Ligouyer et de Champalaune, veufve dudict Geffroy de Sainct-Pern, mère et tutrice dudict Bertran par les vassaux de la seigneurie de Champalaune.

Aultre adveu, du 17ᵉ mars 1508, rendu par ledict Simon de Sainct-Pern à la seigneurie de Bécherel de la terre et seigneurye de Ligouyer, par lequel il ce voit qu'une partie de cette terre relleve en juveigneurye de la seigneurie de Vauruffier, qui faict preuve que c'est une partie du partage qui fut donné à laditte Janne Ruffier, fille de laditte maison du Vauruffier, signé Toullefort ; et qui sert encorre pour preuve que les terres de Gallepic et de Pradalun, possédées par les deffendeurs appartenoient des ledict temps audict Simon de Sainct-Pern, leur trizayeul.

Ung contract d'acquest, du 26ᵉ febvrier 1391, faict par ledict Bertran de Sainct-Pern, seigneur de Ligouyer, d'avecq Estiemble des Boays et Havoyse, sa femme, des choses y mantionnées, signé : J. Gicquel et scellé.

Acte d'aféagement, du 10ᵉ janvier 1404, accordé par ledict Bertran de Sainct-Pern, tant en son nom que de Catherine, sa compagne, de terres nobles à Geffroy Aunotte, signé : P. Le Monnier.

Le 1ᵉʳ article dudict extraict de la chambre des comtes de Bretagne par lequel il conste que ledict Bertran de Sainct-Pern, deuxiesme du nom, a esté gouverneur de la ville, chasteau et chastellenie de la Roche-Derien qui estoit une des places les plus considérables de la province, comme il se void par l'histoire; que ledict Bertran de Sainct-Pern y commandoit avecq tant d'authoritté qu'il luy faillut l'interpozez pour que le duc de Bretagne eust peu lever ses tretes, gabelles, fouages et autres subventions accoustunées, auquel effet il ordonna d'estre publié à ban les lettres de la permission qu'il en donnoit le 23e décembre 1371.

Exploit judiciel du 10e février 1330 randue aux plebz généraulx de la cour de Rennes portant l'opposition de messire Bertran de Sainct-Pern, chevalier, seigneur de Ligouyer contre plusieurs de ses hommes et vassaux à ce qu'ils n'eussent à recongnoistre ni rendre leurs déclarations et adveus à aucun autre seigneur et autres choses mantionnées audict acte, signé : Legendre, addité et passe.

Acte obligatoire, du samedi apprès la Sainct-Estienne 1353, passée par laditte cour de Rennes par laquelle Mosour Bertran de Sainct-Pern, chevallier, Guillaume de Tissue et Jehan de Campagnoul, cognoissent debvoir et promindrent paier soulidement et rendre à religieux hommes et honestes l'abbé et le couvent de Saincte-Melaine de Rennes trante pièces d'or nommées maille de Flourance des plus belles, bonnes et de pays, par cause de prest faict desdits religieux auxdicts Mesieurs Bertran, Guillaume et Jehan et aultres choses y mantionnées.

Un extraict du catalogue des abbesses de Sainct-Georges de Rennes, tiré des archives de cette abbaye, signé de la dame Abbaisse et par son commandement, Chambrin, son segrettaire, scellé du sceau de laditte abbaye qui faict preuve que Phelipotte de Sainct-Pern a esté élue en 1352, vingtiesme abbesse de cette noble et pieuse communautté, et qu'elle portoit les mesmes armes des deffendeurs.

Contract de féage, du mardy prochain après l'Assomption Nostre-Dame 1401, fait par Ollivier de Sainct-Pern, seigneur de Gallepic à Jehan de la Houssaye, seigneur dudict lieu.

Aultre contract de mesme datte de pure aumosne faict par ledict de Sainct-Pern a Eustache de la Houssaye, de certaines terres des appartenances de la seigneurye du Galpic.

Aultre contract, du mardy après la sainct Gilles audit an, portant eschange entre ledict Jan de la Houssaye, père et garde naturel de Eustache son fils, et ledict Ollivier de Sainct-Pern des choses y mantionnées. Ausquelz trois contracts sont pandants des sceaux des armes advoués par les deffendeurs, chargées d'un lambel, qui faict preuve que ledict de Sainct-Pern de Gallepic estoit puisné de la maison de Ligouyer, que cette maison ayant rantré dans celle de l'esné a esté redonnée en partage auxdict seigneur du Lattay, par ledict acte du 20° may 1598.

Induction d'actes et pièces fournie par messire Gabriel de Sainct-Pern, chevallier, cheff du nom et armes, seigneur dudict lieu de Ligouyer et de Champalaune, Launay, Hay, la Picquelaye, le Frost, la Villernouait, etc., tant en son nom que comme père et garde naturel de Joseph-Hyacinthe de Sainct-Pern, son fils unicque et messire Jan de Sainct-Pern, chevallier, seigneur de Champalaune, la Tour, Barançon, etc., frère puisné dudict messire Gabriel de Sainct-Pern ; messire Jan de Sainct-Pern, conseiller en ses conseils, chevallier, seigneur chastelain des chastellenyes et seigneuryes du Lattay, Predalun, Galpic, Plelan, la Provostaye, etc., et de messire Pierre de Sainct-Pern son fils aisné, et encorre ledit seigneur de Lattay faisant pour Charles-Joseph, autre Charles et Gabriel de Sainct-Pern, ses enfants puiznéz deffendeurs, par laquelle il est rapporté que ledict Bertran de Sainct-Pern, second du nom, ne fut pas seullement honoré du gouvernement de laditte ville, forteresse et pays de la Roche-Derien, qu'il tenoit soûs Bertran du Guesquelin, son parrain ; il auroit esté appellé par ce connestable, dès l'an 1362, pour ramplir une compagnye des cent lances ; qu'il se livra pour hostages, avecq les sieurs de Matignon et de Montboucher, pour seurté de la rançon de ce grand connétable faict prisonnier par Chandos le jour de la bataille d'Auray ; qu'il se voict touiours employé le premier dans le tiltre des chevalliers de ses compagnyes d'ordon- ᴊ nance. Que ledict Bertrand de Sainct-Pern, premier du nom, chevallier, seigneur de Ligouyer, eut l'honneur de donner son nom à Bertrand du Guesquelin, qu'on peut dire avec véritté avoir esté le plus grand et redouté suiet de l'Europe, qu'on a veu depuis connetable de France et de Castille. Que ce Bertran de Sainct-Pern fut l'un des choisys pour accompagner Jean, sire de Beaumanoir dans la célèbre anbassade qui se fist en Anglesterre pour y conduire les enfans de Charles de Blois, baillez en ostages pour obtenir la liberté du prince leur père ; que ce Bertran du Guesquelin, encore jeune estoit du voyage ; que ledict Bertran de Sainct-Pern, que l'histoire qualifie des illustres amis et braves compagnons d'armes de ce grand conné- table, estoit au signallé combat qu'il fist avecq Guillaume Troussel. Que ce Bertran de Sainct-Pern et le cappitaine Penhouet, nômez seuls dans l'histoire, se jettèrent dans la ville de Rennes lorsqu'elle fust assiégée par le duc de Lanclastre ; que ledict de Sainct-Pern eu l'ordre de veiller à la conservation de cette ville ; qu'il donna tout le premier, l'épée à la main dans la mine de Sainct-Sauveur faictes par les Anglois ; qu'il fust soustenu par Geffroy de Sainct Barthelemy[1], Que ledit Ollivier et Jan de Sainct-Pern estoient de l'association qui se fist à Rennes, an 1379, par les gentilzhommes de Bretagne pour le soustien du party de leur duc. Que ce nom de Sainct-Pern est emploié au rang de ceux d'antienne chevallerye dans une rime de plus de trois cents ans rapportée par le Laboureur dans la vie du mareschal de Guébriant, dans la généalogie des Budes. Que le Baud, dans son recueil armorial, remarque les armes des deffendeurs au ranc de ceux d'antienne chevallerye. Que tout ce que dessus es rapporté par d'Argentré dans l'histoire de Bretagne ; Chastellet, dans celle du connestable du Guesclin ; Albert le Grand, dans la sienne des saincts de Bretagne ; le Laboureur, dans la vie du mareschal de Guébriant ; et le Baud, dans son histoire de laditte province[2].

Et concluent les deffendeurs à ce qu'ils soient maintenuz aux qualités de messire, chevallier et escuiers pour jouir eux et leurs dessandants en loial mariage des honneurs, authoritez, previllaiges et prérogatifves desquelles jouissent les nobles de mesme quallitté andict pays ; et comme tels estre enrollez aux catallogue des nobles de la sénéchaussée de Rennes. Ladicte induction signée : Gabriel de Sainct-Pern, Jan et Pierre de Sainct-Pern et Jan de Sainct-Pern, le Tripier, Berthou et Guyottiere. Signifflée au Procureur général du Roy le 5ᵉ décembre 1668, conclusions du Procureur général du Roy et tout considéré.

La Chambre faisant droict sur l'instance a déclaré et déclare lesdicts Gabriel, Joseph-Hyacinthe, son fils ; Jan, aultre Jan, Pierre, Charles-Joseph, aultre Charles et aultre Gabriel de Sainct-Pern

---

[1] L'induction fournie à la Chambre chargée de la Réformation de la noblesse de Bretagne par Gabriel de Saint-Pern, le 3 décembre 1668, ajoute : « Ce fut sans doute en cette occasion que l'on mist en usage cette grosse pièce de fer que l'on voit sur les lices pour marquer l'estime de cette grande action et de la joye publique du salut de cette ville, que le public a depuis baptisée du nom de *Ligouyer* et qui se tire encore aujourd'huy aux feus de joye des naissances et conquestes de nos princes. »

[2] Dans l'Induction on dit encore : « Les deffendeurs pourroient justifier que Bertrand de Saint-Pern, premier du nom, avait pour père messire Louis de Saint-Pern, chevalier, que ce Louis avoit pour femme Havoise de Mauny, qu'elle estoit parente de la maison du Guesclin dont sont sorti tant de grands hommes ; que ce Louis estoit fils de messire Phelipes de Saint-Pern et d'une Mahault dont ils n'ont pu lire le surnom, mais c'est par des mémoires généalogiques si usés et si consommés par la longueur des temps que les deffendeurs n'ont pas creu devoir les faire paroistre en cette Induction. Ils se bornent à la preuve dudit messire Bertrand de Saint-Pern, chevalier, 1ᵉʳ du nom, croyant avoir assés suffisamment prouvé la possession de leur qualité de messire, chevalier et d'escuyers des trois précédents siècles de celui-cy. »

nobles et issus d'antienne extraction et comme tels leur a permis et à leurs dessandans en mariage légitime de prandre les quallittez, scavoir : ausdicts Gabriel, Joseph-Hyacinthe de Sainct-Pern de Ligouyer, père et filz, Jan et Pierre de Sainct-Pern du Lattay, père et filz, de *chevallier* et *escuier*; et ausdicts Jan, Charles-Joseph, aultre Charles et Gabriel de Sainct-Pern, celle *d'escuier*, et les a maintenuz au droict d'avoir armes et escussons timbrés appartenant à leurs quallitez et à jouir de tous droicts, franchises et préminances et previllèges attribuez aux nobles de cette province et ordonné que leurs nomps seront employés au roolle et catalogue des nobles de la sénéchaussée de Rennes.

Faict en ladite chambre audit Rennes le treziesme de décembre mil six cents soixsante et huict, signé : Malescot.

Copie conforme à l'original existant sur parchemin aux archives du château du Couëllan[1].

Il nous a été impossible, malgré les plus actives recherches, de retrouver une expédition de l'arrêt de maintenue rendu le 9 mars 1669, en faveur des Saint-Pern de la branche de Cohan. Nous croyons pouvoir néanmoins combler un peu cette regrettable lacune, en donnant ci-après copie d'un *extrait* de cet arrêt pris au volume 8319 du Cabinet des Titres de la Bibliothèque nationale.

DE SAINT-PERN

Bertrand[2] de Saint-Pern, escuyer, sieur de Cohan ; porte : *d'azur à dix billettes percées d'argent, 4, 3, 2 et 1.*

Déclaré noble issu d'ancienne extraction noble et de qualité d'escuyer au rolle des nobles de la seneschaussée de Rennes, par arrest du 9 mars 1669. M. le Jacobin.

Briand de Saint-Pern deffendeur est fils aisné d'escuyer Pierre de Saint-Pern de son mariage avecq damoiselle Françoise Glé, dame de la Villecherel, qui contractèrent mariage en 1615. Lequel Briand a pour sœur puisnées dame Renée de Saint-Pern mariée à escuyer

---

[1] La famille de Saint-Pern possède encore deux autres expéditions de cet arrêt.

[2] Bertrand est mis là pour Briand ainsi que la suite le prouve.

Pierre de Saint-Brieuc, sieur de Guern, Janne de Saint-Pern qui a espousé escuyer Jan Chevré, sieur de Badouart et Laurence de Saint-Pern non mariée.

Ledit Pierre estoit fils aisné d'escuyer Jacques de Saint-Pern de son mariage, en 1587, avec damoiselle Guillemette Desforges et avoit trois sœurs sçavoir : Lucrèse de Saint-Pern mariée à escuyer François Le Maczon, sieur des Feuillées, Suzanne et Anne[1] de Saint-Pern, qui ne furent pas mariées.

Il estoit fils aisné d'escuyer Guillaume de Saint-Pern et de damoiselle Guillemette de Belouan, sieur et dame de Cohan. Il épousa en secondes nopces damoiselle Guillemette Baril. Damoiselle Janne de Saint-Pern dame de la Roche, sœur dudit Guillaume épouza en 1645[2] Bertrand du Plessix, escuyer, sieur de la Padouyère.

Ledit Guillaume estoit fils aisné de Bertrand de Saint-Pern, escuyer sieur de Cohan, de son mariage, en juin 1533, avec damoiselle Françoise le Coutellier.

Ledit Bertrand estoit fils aisné d'escuyer Pierre de Saint-Pern et, de damoiselle Guillemette André, sieur et dame du Plessix du Loup et avoit trois sœurs : Jeanne de Saint-Pern mariée à noble homme Allain Josset ; Roberde de Saint-Pern qui espouza escuyer Jan Radiou, sieur de la Communays et Guillemette de Saint-Pern.

Ledit Pierre estoit fils aisné de Charles de Saint-Pern, escuyer sieur de Cohan et de damoiselle Janne Garnier et eut pour puisnée du premier mariage dudit Charles, Raoullette de Saint-Pern qui epouza escuyer Pierre de Frances, sieur dudit lieu et autres sœurs non mariées ; et du second mariage avec damoiselle Janne Henry, il eut quatre autres puisnés.

Ledit Charles estoit fils unique d'escuyer Philippot de Saint-Pern et de damoiselle Janne Guyot, sieur et dame de Cohan. Ils vivoient en 1457.

Ledit Philippot estoit fils unique d'escuyer Jan de Saint-Pern et de damoiselle Perrinne Freslon qui vivoient en 1422.

Le gouvernement est d'assise, les anciens partages sont à viage. Les refformations de 1427 et 1513 y sont employées, jointes aux montres généralles de 1480, 1483 et 1534.

---

[1] Anne pour Jeanne, nom qu'elle reçoit à son baptême célébré en l'église de Saint-Sauveur de Rennes le 30 septembre 1596.

[2] La date exacte est 1563, cette erreur ne peut être attribuée qu'à une distraction du copiste. Le mss. 4932, p. 203 de la Bibliothèque nationale porte bien la date de 1563.

* 9 7 8 2 0 1 3 4 9 8 7 5 3 *